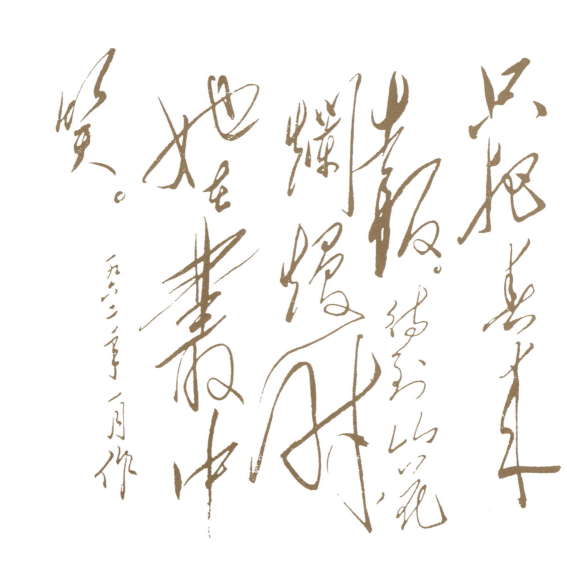

卜算子·咏梅

读陆游咏梅词，反其意而用之。

风雨送春归，飞雪迎春到。已是悬崖百丈冰，犹有花枝俏。

俏也不争春，只把春来报。待到山花烂漫时，她在丛中笑。

共和国领袖的故事

毛泽东的故事

李 琦 梁平波 主 编
奚天鹰 刘 敏 副主编

浙江人民美术出版社

序　言

　　习近平总书记指出，毛泽东同志等老一辈革命家，都是从近代以来中国历史发展的时势中产生的伟大人物，都是从近代以来中国人民抵御外敌入侵、反抗民族压迫和阶级压迫的艰苦卓绝斗争中产生的伟大人物，都是走在中华民族和世界进步潮流前列的伟大人物。他们为中国革命、建设、改革，为中国共产党建立、巩固、发展做出了重大贡献。他们身上所展现的高尚品德和优良作风，是弥足珍贵的精神财富，受到一代代中国人的敬仰和尊崇。

　　这套《共和国领袖的故事》精选毛泽东、周恩来、刘少奇、朱德、邓小平、陈云同志等六位共和国领袖一生中最具独特品质和个人魅力的日常故事，按照亲密战友、忘我工作、平凡生活三条隐含线索来组织内容，通过一个个真实的故事，图文并茂地反映出共和国老一代领导人的高尚人格和崇高精神。透过这些历史的剪影，我们得以近距离地了解伟人的人生修养和思想境界。

　　恰逢新中国成立七十五周年及本书初次出版三十周年，回看这些生动朴素的故事和令人难忘的照片，可以帮助我们更好地感悟中国共产党人的政治品格、价值追求和精神风范，激励我们坚定理想信念、砥砺初心使命，在奋进新征程的道路上踔厉奋发、勇毅前行。

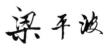

2024 年 5 月

初版序言

　　毛泽东曾对他的老朋友斯诺先生说：从长远来看，将来的后代应当比我们这一代更有知识，正像资产阶级民主时代的人比封建时代的人更有知识一样。他们的判断将占优势，而不是我们。今天的青年和未来的青年将按照他们自己的价值标准来评价革命工作。

　　应该感谢摄影家侯波和徐肖冰。他们几十年的辛勤劳动，为中华民族留下了一笔宝贵的财富。每一幅照片都凝结着一个动人的故事，每一个故事都记叙了一个伟大而平凡的人物：毛泽东。看看这些照片，读读这些故事，今天的青年和明天的青年一定会做出自己的判断。

　　时间是会流逝的，但故事不会，它将永远留在人间。

李婧

1994 年 6 月

目　录

开国大典

1949 年 10 月 1 日凌晨 6 点，东方天边已露出橘红色的曙光，主席才缓缓走出他的办公室，来到院里，点起一支烟，边抽边轻轻踱起步来，神色显得有些疲倦。

他太累了！这些天连续开会，非常紧张。昨天晚上没有召开会议，主席本来要早休息，以便次日有充沛的精力上天安门参加开国大典。但他仍然没休息成，在办公室一直工作到深夜。我几次提醒他，他只答应，却不离开桌子。周副主席也几次来电话，催促主席早点休息，要保证上天安门的时间，他才停止工作，兴奋地站起身来。

是啊，今天是个大喜的日子。几十年来，我们在党和毛主席的领导下，英勇奋斗，流血牺牲，不就是为了这一天吗？记得 1947 年 3 月 18 日晚上离开延安时，主席语气肯定地说："延安还是我们的，全中国都是我们的！"时间才过去两年多点，这个伟大的预言就实现了，谁能不兴奋呢？主席大概也是这样吧。

平时，主席是下午 3 点起床，今天要参加开国大典，大典前还要开一个会，所以要在下午 1 点起床。时针指到了 1 点，我轻轻喊了一声："主席，到 1 点了。"主席一下折起身子，坐在床上，揉揉眼睛说："这么快呀！"说着下了床，很快刷牙洗脸，吃了饭，穿上那套绿呢军装。在此以前，我们劝主席做一套新衣服，他没有同意，说："这一套不是很好吗？就穿它吧，不要再做了。"现在他将要穿着这套军装去参加开国大典了。

下午 2 点 50 分，毛主席走出大门，其他中央首长：朱总司令、少奇同志、周副主席、弼时同志等已等在丰泽园门前了。主席见了这些战

1

友，立即上前一一握手。周副主席问："主席今天睡好了吗？"主席摇摇头，风趣地说："我们打了这么多年疲劳仗，打出了一个中华人民共和国，今天是建国第一天，又是一个疲劳仗。我一直没怎么睡，吃了药也睡不着。上天安门又要站几个小时，咱们的一生就是打疲劳仗吧。"其他首长都笑起来，主席自己也笑了。

毛主席和首长们登上天安门城楼时，正是下午 3 点整，五十四门礼炮齐鸣了二十八响，在庄严嘹亮的国歌声中，毛主席轻轻按动电钮，巨大鲜艳的五星红旗在广场上冉冉升起。在这万众欢腾的时刻，毛主席用浑厚洪亮的声音宣布：

"中华人民共和国中央人民政府今天成立了！"

这高昂的声音，透露出主席的兴奋心情。几十万人的欢呼声，一浪高过一浪，显示着站起来了的中国人民的巨大力量。

随后是检阅。毛主席目光炯炯，伟岸地站在城楼上。最先走过的是陆、海、空军，接着是群众队伍、文艺大军、体育大军。时间太长了，我们担心主席太累，就请他进了休息室。他还没有来得及喝水，就和那里的程潜先生说起话来。主席刚点起一支烟，周副主席就匆匆走进来，对主席说："你预料得对，要在天安门上站几个小时。"原来群众队伍到了天安门前，见不到毛主席就不愿往前走。毛主席对程潜先生抱歉地笑笑，放下刚抽了几口的烟，又回到了城楼上，对游行的群众招手致意，直到大典结束。

这天夜里，主席办公室的灯又亮到很晚很晚，他又在为新中国的建设绞脑汁了。

摘自《难忘的回忆》 闫长林／文

开国大典　1949 年

毛泽东与周恩来

　　毛泽东住处的沙发，多是采用俄式的，比较高大，坐垫比较硬。这种沙发垫对于长时间坐着不动的老年病人来说，是很不合适的。毛泽东用这种沙发，一坐就是一天，甚至几天，久而久之皮肤上长起了褥疮。后来警卫局出面到木器加工厂定做了一个样品。坐垫是用乳白色的海绵做的，下面钻了很多蜂窝状的小孔，比过去的弹簧垫软多了。毛泽东坐在沙发上摇了摇，说："这种沙发就好多了。原来的那种沙发又高又大，像我这样高大的人坐上勉强可以，脚能着地。像总理坐上就不舒服，他的腿就得悬着。"他嘱咐："总理现在生病，给总理送一个去。"毛泽东是个重情义的人。当他坐上一个较为满意的沙发时，马上想到了与他几十年患难与共的同志、朋友周恩来。这是一种多么深厚的情感啊！

　　索尔兹伯里曾在他著称于世的《长征》一书中评价了毛泽东与周恩来的合作关系。他说：遵义会议"标志着毛泽东和周恩来的政治大联合，从此以后，他们一辈子保持了这种伙伴关系"，"这两位不同人物之间的联盟是牢不可破的。他们两个相辅相成。毛是哲学家、诗人，头脑里充满了不可思议的幻想。他具有一种炽热的精神，准备为实现自己的见解而采用任何谋略……周恩来则是一位实干家、外交家、人道主义者。是一位'管家'"。

　　确实，毛泽东和周恩来半个多世纪来通力合作，同甘共苦，领导中国革命一步步地走向胜利。中华人民共和国成立后，他们又齐心协力，为社会主义革命和建设进行了艰辛的开拓。他们的合作真可谓珠联璧合。

摘自《毛泽东人际交往实录》　贾思楠／文

毛泽东与周恩来　1954 年

毛泽东与刘少奇

1945 年 8 月，毛泽东在周恩来的陪同下去重庆谈判。离开延安前，中央政治局扩大会议确定由刘少奇代理党中央主席职务。这是刘少奇一生中工作最繁重最紧张的一个时期。

毛泽东在重庆谈判期间，国民党军队对解放区的挑衅活动大大增加，而我军给予的回击和惩罚也异常及时而凌厉，每次都以彻底粉碎蒋军的进攻而告终。在双方冲突日趋尖锐的情况下，有些同志曾担心毛泽东在重庆的安全是否有保障。对于这个问题，刘少奇说："蒋介石只懂得拳头，不懂得道理。前方对他的打击越坚决，越沉重，在实际行动中越能显示出我们的力量，他便越不敢轻举妄动，不敢触动毛主席一根毫毛，毛主席的安全就越有保障。"他还说："这是毛主席临动身前给我的指示和交代，我在坚决按照毛主席的指示行事。"

毛泽东从重庆回到延安后，健康状况一直不大好，所以仍由刘少奇协助毛主席领导党中央的全面工作。这是革命力量将在全国范围内与反革命势力进行大决战的准备时期。这个时期我党的工作做得很好，是和刘少奇的努力分不开的。他那种谦虚谨慎、认真负责的工作作风和对毛泽东的尊重与忠诚，使许多人深受感动。

摘自《在新中国诞生的前夜》 师 哲／文

毛泽东与刘少奇　1954 年

毛泽东与朱德

毛泽东与朱德的关系，正如毛泽东多次说的那样：朱毛不可分。

1928年4月28日，朱、毛两部在井冈山会师，毛泽东和朱德第一次见面，两人高兴地紧紧握手，祝贺胜利会师。从此，朱、毛一起团结战斗，开创了以武装斗争为主要形式，建立农村革命根据地，以农村包围城市，最后夺取全国政权的伟大道路。

在革命斗争中，毛泽东和朱德的友谊日益加深，朱、毛成为不可分离的"一体"，不知情者还以为"朱毛"就是一个人的名字，知情者也说"毛是脑，朱是胆"，足见其关系之不一般。

1931年，由于王明"左"倾教条主义在党内的错误领导，第五次反"围剿"失败，红军不得不进行战略转移。1935年，中央政治局在遵义召开扩大会议，批评"左"倾冒险主义军事路线。朱德在会上发言："如果继续这样错误的领导，我们就不能再跟着走下去。""我从井冈山开始，就是跟着毛泽东同志革命的，今后我永远跟着毛泽东同志革命到底。"

这次会议确立了以毛泽东为代表的新的中央的正确领导，红军转危为安，继续北上。

长征途中，张国焘企图另立中央，强迫朱德与毛泽东断绝一切关系。朱德说："毛泽东同志是党中央的领导者，朱毛、朱毛，人家都以为'朱毛'是一个人，哪有朱反对毛的道理。你可以把我劈成两半，但绝割不断我与毛泽东的关系。"

历尽千难万险，朱德率领的红二方面军终于和毛泽东、周恩来率领的红一方面军胜利会师。

毛泽东与朱德　1945 年

　　此后，朱、毛并肩战斗，直至建立了新中国。朱、毛的团结合作，为世人所称道。朱敬仰毛，毛爱护朱。他们的深厚友谊保持了终生。

摘自《毛泽东和他同时代的人》　贺明洲／文

毛泽东与邓小平

毛泽东与邓小平共事几十年，他们有过密切的合作、信任和友谊。毛泽东称赞邓小平"行方思圆""人才难得"；邓小平对毛泽东非常崇敬，他曾说："没有毛主席，就没有新中国。"他一直是毛泽东的得力助手。

抗日战争爆发后，邓小平和刘伯承一起率部挺进太行山，开展敌后游击战争，创建了太行、太岳和冀鲁豫抗日根据地。1943年，在一次大会的讲话中，邓小平高度赞扬毛泽东的正确领导，流露出对毛泽东的敬仰和爱戴。他说："我党自从1935年1月遵义会议之后，在以毛泽东为首的党中央领导下，彻底克服了党内'左'右倾机会主义，一扫主观主义、宗派主义和党八股的气氛，把党的事业完全放在中国化的马列主义，即毛泽东思想的指导之下，直到现在已经九年的时间，不但没有犯过错误，而且一直是胜利地发展着。"

1948年11月，邓小平和刘伯承、陈毅一道部署、组织并指挥了著名的淮海战役，歼敌五十五万余人，国民党军队的精锐主力几乎全部被歼。毛泽东夸奖邓小平等人说："淮海战役打得好，好比一锅夹生饭，还没有完全煮熟，便硬被你们一口一口地吃下去了。"新中国成立后，毛泽东对邓小平极为器重。他称赞邓小平："无论是政治，还是军事，论文论武，邓小平都是一把好手。"八届一中全会上，邓小平当选为中央政治局常委和中共中央总书记，协助毛泽东处理党中央的日常工作，参与党和国家的重要决策。

1976年9月9日，毛泽东逝世。第二年邓小平复出，明确提出要"确立毛泽东同志的历史地位，坚持和发展毛泽东思想"。他认为，毛泽东虽然在晚年犯了严重错误，但就其一生来看，功绩远远大于过失。

毛泽东与邓小平　1959 年

　　毛泽东和邓小平都是当代中国伟大的人物，都有着常人所没有的博大胸怀和优秀品质。毛泽东在"文化大革命"中将邓小平打倒之后能再次重用他，邓小平复出后仍然坚持高举毛泽东思想的旗帜。他们的心灵比海洋、比天空还要广阔。

摘自《毛泽东和他同时代的人》 贺明洲／文

毛泽东与陈云

新中国成立前夕，毛泽东采纳周恩来的建议，选调在西北和东北财经工作中崭露管理经济才能的陈云进京，组建中央财经委员会，尽快做好稳定物价、统一全国财政经济的工作。按照毛泽东和中央的指示精神，陈云在 1949 年 7、8 月间到上海进行调查研究，召开五大区财经会议，提出掌握粮食以稳定城市，掌握纱布以稳住乡村，遏制不法资本家的投机活动，维持新解放区首先是大城市的人民生活和生产的措施。9 月，陈云回京汇报后，得到了毛泽东的完全赞同。11 月 13 日，陈云起草了要求各地调运并储备充足的物资，准备于 11 月 25 日全国统一行动，制止物价波动的电报。深夜，毛泽东接到周恩来转来的电报稿后立即批示："即刻发，发后再送刘、朱。"这次行动由于抓住了时机，措施得力，给哄抬物价的投机资本家以歼灭性的打击。与此同时，陈云部署召集了工农财贸等方面的二十多个全国性专业会议，了解财经全面情况，筹备财经统一工作。

毛泽东在新中国成立初期日理万机的繁忙中，甚至在访苏期间，都对陈云关于财经情况的报告仔细过目并作批示，鼓励其正确的做法，提出指导性的意见。在新中国成立后不到一年的时间内，稳定物价和统一财经工作即告完成，使新中国的财经工作步入了正常发展轨道。后来，毛泽东曾指出，稳定物价、统一财经工作的意义不下于淮海战役。

刘书楷 / 文

毛泽东与陈云　1954 年

毛泽东与陈毅

毛泽东与党内同志交往，基本是威严而不拘礼节的，但对陈毅是个例外。

许多高级干部见了毛泽东毕恭毕敬，不敢随便说笑，而陈毅在毛泽东面前就不同了。一见面，陈毅总是来个立正敬礼，大声说道："报告主席，陈毅来了。"毛泽东一让座，陈毅就放开了，两人便海阔天空地聊起来，从工作、学习谈到历史、文学。他们还是诗友，谈起诗来，就更投机了。陈毅生性豪放，声如洪钟，带有诗人那种特有的热情奔放，说到兴奋处，手舞足蹈，并且伴随着充满激情的开怀大笑，极富感染力。毛泽东很喜欢陈毅的个性。

陈毅经常向毛泽东请教写诗的一些技法，把自己作的一些诗送给毛泽东修改。毛泽东曾给陈毅写信，专门谈诗的问题。他写道："你叫改诗，我不能改。因我对五言诗，从来没有学习过，也没有发表过一首五言诗。你的大作，大气磅礴，只是在字面上感觉与律诗稍有未合。因律诗要讲平仄，不讲平仄，即非律诗。我看你于此道，同我一样，还未入门。我偶尔写过几首七律，没有一首是我自己满意的。如同你会写自由诗一样，我则对于长短句的词学稍懂一点。剑英善七律，董老善五律，你要学律诗，可向他们请教。"这封信完全是诗友在坦率地交流写诗的体会，充满了诗友之间的真诚和情义。

摘自《毛泽东和他同时代的人》 贺明洲／文

毛泽东与陈毅　1957 年

战友情深

毛泽东在党内同志中一般不拘礼节，几位老总在他面前也很随便。

一次，他正在窑洞里和彭德怀、贺龙一起谈话，陈毅远道赶来。他不让值班卫士报告，而是自己跑到门口推开门喊："报告主席，陈毅前来报到！"毛泽东看看陈毅，又抬头认真打量着窑洞，足足停了五六秒钟才吁了口气说："哟，幸亏我这个窑洞还结实。"逗得大家哈哈大笑起来。彭总说："胖子到哪儿哪儿热闹，快坐下喘口气吧。"

陈毅握着毛泽东的手，深情地说："主席，你比在延安时瘦了。"毛泽东笑答："转过十几个县，搬了三十七次家，瘦点正常么。"陈毅问："吃得好吗？"毛泽东说："有贺老总在，我的日子就好过。中午借花献佛，有腊肉和鲤鱼。"

大家谈起战局，毛泽东说："这叫老总见老总，老蒋发麻。他打我的两翼，重点进攻，打来打去打出一个我们大反攻。我们有几位老总，他的日子怎么会长得了？"陈毅说："全靠主席运筹帷幄。"毛泽东笑答："还是靠将军们决胜千里。"彭总对贺总笑着说："这两人到一起就拽文。"贺龙笑答："我们'儒'不进去哟！"毛泽东笑着说："你儒在手心里就够了，天下无敌！"原来贺龙打仗时，常把名字写在传令战士的手心里，战士传达命令时，举手出示贺龙的亲笔签名。这一段机智幽默的对话，使大家又是一阵大笑。

摘自《毛泽东风范词典》 高 扬／文

切磋（左起：邓小平、刘少奇、毛泽东、彭真、周恩来、陈毅）　1960 年

废寝忘食论持久

1938 年初，毛泽东写《论持久战》，一连写到第七天，仍不肯休息，有时实在太累太困了，就打盆冷水洗洗脸，清醒清醒，或到院子里转一转，继续伏在桌上不停地写。几天来，他饭吃得很少，脸也消瘦了。

傍晚，警卫员走进毛泽东的房间，点上两支蜡烛，在写字台两头各放上一支。他有意把这些动作放慢，想让毛泽东转移一下视线，休息一会儿，但毛泽东的眼睛根本没有离开纸和笔。半夜，该是毛泽东吃饭的时候了，警卫员把准备好的热腾腾的饭菜给他端去，说："主席，吃饭吧。您已经两天两夜没睡觉了，吃完饭，睡会儿吧。"

"你先睡吧，我等一会儿再睡。工作没有搞完，睡不着啊！"他一边说，手中的笔仍在簌簌地写着。

"主席，您身体不大好，像这样熬夜怎么行啊，吃完饭，睡会儿吧！"警卫员继续恳求。毛泽东抬头看了他一眼，微笑着说："好，等一会儿就睡。"约莫过了一顿饭的工夫，警卫员估计他早该吃完了。谁知推门一看，他还在聚精会神地写呢，饭菜一动没动，早就凉了。警卫员只好把饭菜拿去热一热。

"主席，您吃饭吧，天冷，一会儿就凉了。"

"啊，我还没有吃饭？"毛泽东抬起头看看饭菜，好像连自己都不大相信似的，"好，就吃就吃。"

警卫员回到自己屋里，有意多等一会儿。哪知再过去一看，饭菜仍然没动，毛泽东还在伏案疾书。就这样，毛泽东桌上的烛光一直亮到启明星东升。

摘自《毛泽东风范词典》 程赤兵／文

毛泽东在抗日军政大学作《论持久战》报告　1938 年

最后胜利属于中国

自抗战（指全民族抗战）开始至日寇投降，我在延安和敌后根据地整整待了八年。八年的岁月，是在艰难困苦的环境下度过的。但令人激奋不已的是，当时不但能读到许许多多的毛主席著作，还能经常听毛主席讲课、作报告和演说。我记得是在 1938 年的秋天，毛主席在我们抗大的广场上作《论持久战》的报告。他讲抗日战争是持久的，最后胜利属于中国。尽管日本帝国主义是个武装到牙齿的军事大国，但它在人力、财力、物力等方面都是贫乏的，是个小国，况且日本发动的侵略战争，是退步，是野蛮，它将遭到全世界人民的反对；中国虽然是个半殖民地半封建弱国，但我们进行的是反侵略战争，是进步的、正义的，中国地大物博，人多，实力雄厚，全世界人民都会支援我们，拥护我们。只要我们把全国人民动员起来，组织起来，团结起来，就能打败日本侵略者。

毛主席深入浅出、饶有风趣的讲话，引起全场热烈的掌声。

大会结束后，毛主席又同刘少奇、朱德、聂荣臻等同志坐在一起交谈起来。

徐肖冰 / 文

毛泽东与刘少奇（右二）、朱德（左一）、聂荣臻（右一）在延安抗大　1938 年

重大战略部署

　　1944 年上半年，国内外形势发生了重大变化。在欧洲战场，苏联红军发动了全面大反攻，美、英军队已开辟了"第二战场"。德国法西斯面临最后的崩溃。在太平洋战场，美、英军队也由防御转入进攻，日寇节节败退。日本侵略军企图以中国大陆作为垂死挣扎的基地，先后发动了"河南战役"和"湖南战役"。国民党军队一触即溃，或逃或降，损失兵力四十多万，丢掉了河南、湖南、广东等省大片国土和一百多座城市，使六千万同胞陷于日寇铁蹄之下。与此相反，中国共产党领导敌后战场，对日寇发动了局部反攻，歼灭了大量敌人，收复了大片国土。八路军和新四军发展到五十几万人，中国共产党及其领导下的人民军队，

出征（左起：聂荣臻、周恩来、任弼时、朱德、李鼎铭、张闻天、毛泽东、吴玉章）　1944 年

毛泽东（左二）在延安机场检阅开赴前线的三五九旅部队　1944 年

已经成为抗日救国的决定因素。党中央和毛泽东基于对这种客观形势的科学分析和中国革命斗争的实际需要，确定了在巩固和发展华北、华中等抗日根据地的同时，以一部分力量向北发展，以主要力量向南发展的战略方针，正在酝酿着一个新的重大战略部署。

　　不久，党中央正式决定，从三五九旅抽一部分主力部队，由中组部选调一批工作干部，组成"国民革命军第十八集团军独立第一游击支队"（亦称"南下支队"）。1944 年 11 月 9 日，全支队官兵五千余人在延安飞机场上举行了隆重的出征仪式，接受了党、政、军领导人的检阅。

摘自《难忘的回忆》 王　震／文

数风流人物，还看今朝

　　1945 年 8 月 28 日，日本投降的消息刚刚传到延安不过半个月，内战危机又迫在眉睫。毛泽东准备赴重庆同蒋介石谈判。于是，延安城沸腾起来：毛主席自从上了井冈山，十几年来从未离开过我们，怎么能让他去重庆同蒋介石谈判？安全吗？蒋介石不会耍花招吗？但中央决定了，这是斗争！毛泽东决定了，这是为国家利益！这是置个人安危于度外的大义大勇！

　　千百双眼睛静静地看着毛泽东那高大的身影，一步一步走近飞机，踏上舷梯。人群像疾风卷过水面，向飞机涌过去。毛泽东站在机舱口，取下了头上的帽子。人群拼命地挥手，仿佛一片手臂的森林。毛泽东也举起手来，他举得很慢，很沉，他举着，举着，等到过了头顶，忽然用力一挥，停在空中，不动了。摄影师拍下了这个震撼心灵的刹那，方纪写下了著名散文《挥手之间》。

　　毛泽东去了重庆，又安全地返回了延安。也许是偶然，在重庆，毛泽东将《沁园春·雪》赠了柳亚子。不久，此词在《新民晚报》副刊上以显著地位发表，立即轰动了山城。毛泽东那"风调独特，文情并茂，而气魄之大乃不可及"的诗词几乎使所有的中国人确认：中国非毛泽东莫属了！

　　江山如此多娇，引无数英雄竞折腰。惜秦皇汉武，略输文采；唐宗宋祖，稍逊风骚。一代天骄，成吉思汗，只识弯弓射大雕。俱往矣，数风流人物，还看今朝。

　　毛泽东果然是当今的风流人物！四年之后，蒋介石跑到台湾去了。

摘自《北京日报·毛泽东和五篇诗文》 张聂尔／文

毛泽东胜利返回延安（右为美国驻华大使赫尔利） 1945 年

崇拜黄河

还在佳县神泉堡时，毛泽东起草了《中国人民解放军宣言》，重订了"三大纪律八项注意"。他心潮起伏，带我们去佳县县城看黄河。

佳县县城高高矗立于直陡陡的山顶上。敌人远遁，城里店铺开了张，人来人往很热闹。

来到东门外，毛泽东敞开衣服，两手叉腰，迎风而立，俯瞰脚下，黄河就在县城脚下穿过，宛如一条金龙。夕阳西下，余晖洒在河面上，万点碎金。河岸上，柿树林红得像燃起一片大火。毛泽东为眼前的景致所陶醉，不禁叹道："真美啊！"

毛泽东久久凝视着黄河水，若有所思地说："自古道，黄河百害而无一利。这种说法是因为不能站在高处看黄河。站低了，便只看见洪水，不见河流。"

我们咀嚼着毛泽东这段话，只觉得哲理深奥，回味无穷。

"没有黄河，就没有我们这个民族啊！"毛泽东将大手一拂，像是抚摸那条民族的河，无限深情地说："不谈五千年，只论现在，没有黄河天险，恐怕我们在延安还待不了那么久。抗日战争中，黄河替我们挡住了日本帝国主义，即使有害，只这一条，也该减轻罪过。将来全国解放了，我们还要利用黄河水浇地、发电，为人民造福。那时，对黄河的评价更要改变了。"

我们顿觉眼界开阔。不尽黄河，万里峰峦，尽收眼底。

摘自《在毛泽东身边十五年》 李银桥／文

视察黄河（前排左起：毛泽东、滕代远、杨尚昆、许世友） 1952年

你的意见很宝贵

1948 年人民解放战争节节胜利，中国共产党发出"五一"号召，准备召开新的政治协商会议。在中共地下党组织的安排下，陈叔通从上海赴香港，转往解放区。

到了石家庄后，陈叔通见到了毛泽东、周恩来、刘少奇和朱德等同志。他惊异地看到这些叱咤风云的伟大人物是那样平易可亲，待他如同家人，尊称他为叔老，问暖嘘寒，关怀备至。毛泽东对他说："叔老，你长期在旧社会，能够出污泥而不染，真是难得。"对于许多重要的大事，中央都亲切地向他征求意见。毛泽东说："你是清朝的翰林，经历了几个时代，见多识广，你的意见是很宝贵的。"

毛泽东常邀请陈叔通到家里叙谈，每次都亲自迎送，十分周到。陈叔通曾对人说过，他看到历代的最高统治者都有一种不可一世的傲气，毛主席可以说是我国有史以来最受亿万人民爱戴的领袖，却和蔼可亲，在他面前感到同家里人谈话一样。"大跃进"时期，陈叔通看到一些不正常的现象，就向毛泽东反映说，是稳步前进好呢，还是急躁冒进好？还说，矫枉必须过正的提法值得研究。在反右扩大化时，陈叔通又说，不能因对党提了意见，就当作右派。"三年自然灾害"时期，他向毛泽东倾吐自己的忧心，毛泽东耐心地给他分析形势，指出成绩很大，问题不少，前途光明。陈叔通听后，回家写了一副对联："一心记住六亿人口，两眼看清九个指头。"一时传为佳话。

摘自《毛泽东人际交往实录》 贾思楠／文

毛泽东与陈叔通　1954 年

宜将剩勇追穷寇

刚进京时，毛泽东住在双清别墅。

双清别墅地处香山西南的山坡上，据说当年孙中山住过这里。院子比较大，院内有一排坐北朝南的平房，房子高大漂亮，会客厅能坐二十多人。

当时，以张治中为首的国民党政府和平谈判代表团已经到了北平。毛泽东明确提出了谈判的八项条件。国民党内主张和谈的人认为，可以承认这八条为谈判基础，但仍然讨价还价。幕后的蒋介石则加紧扩军，准备作战。

那段时间，毛泽东常常带着深沉的思考散步。一次，我跟在他身后散步。他忽然立住脚，回身望着我问："你敢相信蒋介石吗？"

"不相信！"我立刻回答。

"这就对了。"毛泽东点头，"这个人尽耍手腕，从来说话不算数！"

还有一次，毛泽东睡不安稳，起来散步。走了很久，他用沉重的语调问我："有人劝我们不要打过长江去。你说要不要打过长江去？"

"要！到手的胜利哪能不要，对国民党蒋介石还有什么好客气的！"

毛泽东用手抚着我的后背，点头说："还是我们的战士聪明哟！"

4月20日，南京政府拒绝了中共的和平协定。4月21日，毛泽东主席、朱德总司令向中国人民解放军发布了向全国进军的命令。

4月22日下午，我服侍毛泽东起床。我军已经顺利渡江，毛泽东很高兴，边朝衣袖里伸胳膊边说："蒋介石想拖延时间，重整军队卷土重来。他以为我们还是好欺骗呢，你可不知道我们也需要这段时间调动军队、修船造船吧。他们在那边修防线，我们在这边架大炮，谁也没闲

喜读号外　1949 年

着。结果呢，他只落得个拖延时间、破坏和平协定的恶名，什么便宜也没沾上。我们利用夜色，利用炮火掩护，一下子就过去三十万军队。他们的军队垮台了，我们的军队就要打到南京去了！"

摘自《在毛泽东身边十五年》　李银桥 / 文

政协筹备会

1949年6月5日下午，新的政治协商会议的筹备会议，在中南海勤政殿的大厅里开幕了。

勤政殿是一座古老的建筑。听说，这是过去的皇帝处理朝政和休息的地方。

那天，毛泽东穿了一身新做的灰蓝布衣服，手里拿着文件袋，走出菊香书屋院北门，来到了勤政殿。他先在中国共产党代表团的席位上坐下，大会通过主席团人选之后，毛泽东等会议领导人走上主席台就座。接着，会议秘书长林伯渠请毛泽东讲话。

毛泽东在热烈的掌声中走到了麦克风前。他微笑着向大家招手致意。

毛泽东高兴地说，我们的新政治协商会议的筹备会今天开幕了。这个筹备会的任务就是：完成各项必要的准备工作，迅速召开新的政治协商会议，成立民主联合政府，以便领导全国人民以最快的速度肃清国民党反动派的残余力量，统一全中国，有系统有步骤地在全国范围内进行政治的、经济的、文化的和国防的建设工作。全国人民希望我们这样做，我们就应当这样做。

讲到这里，会场里响起了经久不息的热烈掌声。

毛泽东最后说，中国人民将会看见，中国的命运一经操在人民自己手里，中国就将如太阳升起在东方那样，以自己的光焰普照大地，迅速地荡涤反动政府留下来的污泥浊水，治好战争创伤，建设起一个崭新的、强盛的、名副其实的人民共和国。

毛泽东讲完了话，全体代表起立，以热烈的掌声向毛泽东表示敬意。

筹备会议一共开了五天。会议通过了《新政治协商会议筹备会组织

毛泽东和全国政协筹备组委员（左起：谭平山、周恩来、章伯钧、黄炎培、林伯渠、朱德、马寅初、蔡畅、毛泽东、张奚若、陈叔通、沈钧儒、马叙伦、郭沫若、李济深、李立三、蔡廷锴、陈嘉庚、乌兰夫、沈雁冰） 1949 年

条例》和《关于参加新政治协商会议的单位及其代表名额的规定》，选出了以毛泽东为首的常务委员会。

摘自《在毛泽东身边十五年》 李银桥／文

向你们致敬

1949年9月的一天，毛泽东去火车站迎接已经起义的国民党湖南省主席兼湖南战区司令程潜。有的同志不解地问他，为什么要给程潜这么高的规格。毛泽东说："我们是老乡，过去还在一起读过书。他是我的私人朋友。难道你们的朋友来了，你们是叫别人去接吗？国民党恐怖统治最厉害的时候，我们两个还保持着联系呢！"

程潜一下火车，就看到毛泽东朝他大步走来。他们的双手紧紧握在了一起。程潜流下了激动的热泪。

第二天，毛泽东在中南海设宴招待程潜。毛泽东对程潜说："颂云兄，你为家乡人民做了一件好事，免了一场战祸，现在我们才好谈谈家乡，谈谈往事，享受这种欢乐。"宴会上，朱德、刘少奇、周恩来等都在场。毛泽东举杯祝酒时说："程潜将军领导全体官兵起义，和平解放湖南，带了一个好头，使湖南人民免遭战争灾难。你们立了功，向你们祝贺，向你们致敬。"

1952年的一天，毛泽东又请程潜到家里做客。吃过饭，毛泽东提议去划船。上船后，程潜说："我给主席划船。"毛泽东却笑着对他说："岂有此理，你是客，还是我来划。"说完后，毛泽东亲自荡起了双桨。

摘自《毛泽东风范词典》 高 扬／文

毛泽东与程潜（左二）在中南海游船上　1952 年

天坛沐煦风

　　1949 年 9 月，北平天高气爽。在中国人民政治协商会议第一届全体会议开幕前夕，毛主席利用日理万机的空隙，特地邀请出席这次会议的程潜、张元济、陈明仁、李明扬，并约请刘伯承、陈毅、粟裕同游天坛公园。

　　毛主席高兴地说："这几天，大家一面商量开好这次大会的事情，一面访亲会友。你们辛苦了。后天，大会开幕，就更紧张了。所以今天我钻个空子，请大家来这个地方，无非是调剂一下生活，喘一口气嘛。"大家走进回音壁的大门，只见一道单调而神秘的圆形砖墙，保存得非常完整。大家刚站定，陈毅就凑近回音壁，放开嗓门连喊两遍"欢迎各位光临"。声波从回音壁反射回来，清楚、逼真，人们惊叹不已。不知是谁说道："我觉得有意思的，倒是陈老总的川腔够味儿。"引得人们一阵欢笑。从回音壁出来，朝祈年殿走去，大家的情绪更加欢快，边走边谈，无拘无束。听向导介绍了祈年殿，毛主席以幽默的口吻说："对于建筑物，我可不敢班门弄斧。看来，这个漂亮的殿堂，一是皇上在这里向老天爷讨好，二是用天命来欺负老百姓。后来，老百姓觉悟了，王朝也就散了。要不然，我们今天能大摇大摆地进这个大门吗？在这里说句真心话，我们应当脱帽向庶民三鞠躬。"说得大家哈哈大笑。然后，大家聚集在一起，以祈年殿为背景，拍下了一张照片。

　　而后，毛主席笑呵呵地向陈明仁说："最近外面谣言很多，多得出奇。说什么共产党惨无人道，把被俘的杜聿明、王耀武等都杀掉了。还说你也被我们杀了。""你可以把这张照片寄给你的黄埔故旧看看，请他们不要轻信谣言，不要受骗上当，不要继续站在人民的对立面，害人害

毛泽东与参加中国人民政治协商会议第一届全体会议的部分人员畅游天坛 1949 年

己。劝劝他们早日归来。爱国不分先后，什么时候想来，我们欢迎；什么时候想走，我们欢送。这叫来去自由嘛。"陈明仁特别仔细地听了毛主席的这番话，表示心悦诚服地接受、照办。毛主席满意地笑了。

摘自《风雨同舟四十年》 徐肖冰／文

诗　友

在毛泽东与柳亚子的几十年交往中，以诗歌赠答，友情极深。

1926 年 5 月，改组后的国民党在广州召开第二次全国代表大会，柳亚子被选为中央监察委员。在会上，他初晤毛泽东。这次见面，毛泽东给柳亚子留下了深刻的印象，"粤海难忘共品茶""珠江粤海惊初见"正是表达了他初见毛泽东的心情。

1945 年，为了停止内战，实现和平，毛泽东亲抵重庆和蒋介石进行了四十三天的谈判。到达重庆的第三天，在曾家岩中共办事处，柳亚子兴奋地会见了阔别十九个春秋的老朋友，并即席赋诗，称颂毛泽东以"弥天大勇"的气概，深入虎穴，与蒋介石展开针锋相对的斗争，犹如"雨霖苍生"，给苦难中的人民带来生的希望。

1949 年初，柳亚子和许多民主人士应毛泽东的邀请北上参加筹备新政协的会议。毛泽东从石家庄到北平，柳亚子随沈钧儒、陈叔通、黄炎培等到机场迎接。当晚，在颐和园益寿堂设宴。归来后，柳亚子赋七律三首，歌颂了解放区的新气象和人民解放战争的伟大胜利。3 月 28 日，柳亚子写下《感事呈毛主席》一诗，抒发了他不满于自己当时的政治待遇，打算回江南故乡隐居的情绪。4 月 29 日，毛泽东在《七律·和柳亚子先生》一诗中写道："饮茶粤海未能忘，索句渝州叶正黄。三十一年还旧国，落花时节读华章。牢骚太盛防肠断，风物长宜放眼量。莫道昆明池水浅，观鱼胜过富春江。"不久，柳亚子从北京六国饭店移居颐和园。他对前来看望他的朋友风趣地说："这是享受帝王之乐呀！"

毛泽东的关心和照顾，使柳亚子十分感动，他终于打消了回乡的念头。1950 年国庆节，柳亚子在怀仁堂观看歌舞晚会。应毛泽东之请，

毛泽东与柳亚子　1949 年

　　柳亚子即席赋《浣溪沙》一阕："火树银花不夜天，弟兄姊妹舞翩跹，歌声唱彻月儿圆。不是一人能领导，那容百族共骈阗？良宵盛会喜空前！"毛泽东也步其韵律和唱："长夜难明赤县天，百年魔怪舞翩跹，人民五亿不团圆。一唱雄鸡天下白，万方乐奏有于阗，诗人兴会更无前。"

　　他们的友谊为中国诗坛留下了一段千秋佳话。

夏　鹭／文

一生恋雪

毛泽东喜欢游泳，喜欢京剧，也喜欢雪。

1951 年冬，北京落下这年的第一场雪。

那时，"三反""五反"正在全国轰轰烈烈地开展。毛泽东工作一夜，批阅了大量文件材料，天亮时才放下笔。他舒个懒腰，搓搓脸，朝门口走去。

打开门跨出门槛一步，他便猛地立住了脚。门外正纷纷扬扬地下着大雪。他像孩子似的睁大眼睛，凝望这银白色的世界。

毛泽东走下台阶，步子迈得极慢极慢，像怕惊醒一个甜美的梦。他回头看自己留在雪地上的脚印，目光里闪耀着孩子一般惊喜的神色。他不忍心再向洁白无瑕的雪地落下脚去，便把抬起的脚缩回来，重新落在原来留下的脚印里。

他开始在没有雪的廊檐下踱步，而后又出门，沿中海走。我追上他，发现他爱雪爱得"自私"。他舍不得踩自家的雪，可是不怕踩外面的雪。他不走扫净的路，专走雪地，入迷地倾听着脚下咯吱咯吱的碾雪声，不时停在松柏旁欣赏枝丫上的积雪。

他忽然开口问："银桥，你有没有贪污？"

"没有。"我坦然地回答。

"你现在不贪污，以后贪污不贪污？"

"不贪污。"

"那就好。你来的时候像这些雪。"毛泽东指着松枝上洁白耀眼的积雪说，"以后也要保持，反腐蚀，不要让糖衣炮弹打中。"

毛泽东继续在雪地上走，又问道："你喜欢雪吗？"

一生恋雪　1954 年

"喜欢。"

"农民喜欢雪，瑞雪兆丰年。害虫不喜欢。一下雪，苍蝇就没有了。我也喜欢雪，我们都喜欢雪。"

以后我发现，只要下雪，毛泽东便格外精神焕发。很少有什么能中断毛泽东的工作，唯有下雪例外。

摘自《在毛泽东身边十五年》 李银桥／文

飞机上的工作照

记得 20 世纪 50 年代，毛主席除了在北京参加一些重要活动和会议外，一年总有半年甚至八个月的时间在各地做调查，了解各方面的情况。

毛主席到外地调查时，总是不愿意麻烦地方上的同志。火车就是毛主席的家。开会、谈话、批阅文件和写文章，都在火车上。每到一地，视察完了，都要回到火车上和工作人员一起吃饭。大家和主席在一起丝毫不感到拘束，有说有笑，亲如家人。

我多年来有一个愿望，就是想拍摄毛主席办公的照片。我总是在找这个理想的机会。1957 年春天，毛主席在山东视察后乘飞机继续南下。当飞机升到高空时，大概由于气流的关系，有些同志感到不舒服，我也有些不适应。但我必须抓紧时间整理已拍过的胶卷，准备好下一站的工作。当时毛主席坐在飞机前舱，我从隔幕缝中望去，见毛主席大衣也没有脱，正聚精会神地看文件，手中一支烟已燃了很长一段，好久都没有抽一口了。这个情景顿时吸引了我，脑子里一闪：这不正是拍摄毛主席办公照片的最好机会吗？我立即调整了照相机的光圈距离，走到离毛主席两米多远的地方，屏住呼吸，按下了快门，很快回到自己的座位上，这才松了一口气。令我感到高兴的是，没有惊动主席的工作便拍下了毛主席在飞机上办公的照片。

这张照片发表后，郭沫若同志还配了诗。从这以后，毛主席外出视察都改乘火车，再没有机会拍到类似的照片了。

摘自《我眼中的毛泽东》 侯　波 / 文

毛泽东在飞机上办公　1957 年

鱼池村人的怀念

俺住的这地方，原先叫鱼池村。现如今，鱼池村没有了，为办亚运会，村地界上盖起亚洲最先进的游泳馆，修起漂亮、庞大的安慧立交桥。地变了，人变了，但乡里不少老人到什么时候也忘不了四十年前发生在鱼池村的那一幕。

那是 1953 年 6 月 28 日上午，天空蓝得像块青石板，太阳像一团火，把田地晒得直冒烟。大约快到中午时分，两辆小轿车"吱"的一声，停在鱼池村口的路边。当时，我大哥张振正在菜园子里拔草，抬头一看，只见一位上着白衬衫，下着灰裤，穿一双圆口黑布鞋，身材高大的人跨出车门，迈着稳健的步子朝他走来。我哥眼睛一亮，身影好熟悉，不禁喊道："啊，这不是毛主席吗！"接着，他也不管周围有没有人，双臂一挥，高声喊了起来："毛主席来了！"毛主席笑着向他挥挥手，操着浓重的湘音说："你好啊！"我哥站在一旁嘿嘿直乐，搓着手说："毛主席，到我家里去坐坐吧！"毛主席笑容满面，高兴地说："就到你家看看去。"

刚到门口，俺哥就喊上了："孩儿他娘，毛主席到咱家来了！"那时，嫂子正怀着身孕，听说毛主席来了，一只胳膊夹一个孩子就跑出了院子。毛主席一见她，不假思索，便风趣地说："嗬，你真行，一边一个，中间还一个。"逗得旁边的人都笑了起来。

毛主席缓步走进屋里，东看看，西摸摸，不住地问这问那。几口人啦，种几亩地呀，特别打听了一下粮食够不够吃。我哥这会儿也不慌神了，实实在在地说："眼下还有得吃，不过还不大好，遇到荒月还得挖点野菜，吃些菜团子。"毛主席不住地点头，叹惜地说："鱼池村，没有鱼啊！"末了又安慰说："不用急，生活会一天一天好起来的。"

44

毛泽东参观鱼池村　　1953 年

　　1963 年，全村人一起动手，挖了一个大鱼塘，家家户户过年时都吃上了鱼。

　　四十年过去了，毛主席逝世，我大哥张振也不在人世了。鱼池村这个地名，也不存在了。仿佛就在一夜之间，眼前的一切发生了翻天覆地的变化。全村人的生活，的确像毛主席所说，一天天好起来了。

摘自《北京日报·京华周末》　张桂清／口述　　郭学棣／文

半个芋头的故事

毛泽东工作起来不分昼夜，吃饭也没有钟点，只以感觉饥饿为标准。

有这么一件事，给我留下了深刻的印象。

毛泽东因连续工作，又是两天没睡觉，只吃了一顿正经饭。凌晨两点，值班卫士封耀松小声劝道："主席，您已经十几个钟头没吃饭了，给您搞点吃的来吧？"

毛泽东摇摇头又点点头，勉强说："不要搞了，你给我烤几个芋头来就行。"

封耀松烤熟六个小芋头，放在一个碟子里端去。进门一看，毛泽东斜靠在床栏的毛毯上，呼噜呼噜地睡着了，左手还拿着文件，右手抓着笔。

封耀松在门外站了十几分钟，听到毛泽东咳嗽一声，忙轻手轻脚进屋，捧起碟子，小声说："主席，芋头烤好了。"

毛泽东在床上坐好，拿起一个芋头认真剥皮，一边轻轻摇晃着身子，吟诵过去的一首词："东方欲晓，莫道君行早……"剥出半个芋头，便咬下一口。

封耀松见毛泽东自得其乐，便悄悄退出屋。

大约又过了十几分钟，屋里的呼噜声隐隐又起。封耀松轻轻进屋一看，碟子里只剩下一个芋头了。毛泽东头歪在右肩睡着了，嘴里嵌着半个芋头！另外半个还抓在手里。封耀松鼻子一酸，眼睛立刻模糊了。他揉揉眼，轻轻地去抠毛泽东嘴里的芋头。

芋头抠出来了，毛泽东也惊醒了。

"哪个？"毛泽东不高兴地问道，"怎么搞的？"

小憩　1954 年

　　"主席！"封耀松叫喊一声，哽住了，泪如泉涌。他双手捧住那抠出来的半个芋头，嘴唇只是抖，再说不出一句话。

　　"唉，"毛泽东叹了一口气，"我不该跟你发火。"

　　"不，不是的。主席，不是因为你……这芋头是从你嘴里抠出来的。你该睡觉了。我求求你，求求你了……"

　　毛泽东说："那我就睡觉吧。"

摘自《在毛泽东身边十五年》　李银桥／文

会见日本友人久原房之助

20世纪50年代初，日本出现了一些推动日中两国恢复邦交的组织，并以其雄厚的群众基础开始了"以民促官"的活动。

1955年，"恢复日苏、日中邦交国民会议"宣告成立，这是一个同财界、政界等著名人士有比较广泛联系的组织。会长是久原房之助。

久原房之助曾被称为新兴财阀，有自己的产业。他和孙中山先生是同辈人，对孙先生抱有崇敬之情，对中国很有感情。

1955年8月下旬至10月17日，久原房之助应我国外交学会邀请率团来华访问，其间曾两次与毛泽东会谈，每次都长达两个小时，气氛十分友好。

其会谈内容据久原称，双方有约暂不透露。据外报报道，久原回国后接见记者时谈到，他和毛泽东主要讨论了两国关系正常化的问题。

徐　淡／文

会见日本友人久原房之助（左起：周恩来、廖承志、久原房之助、毛泽东）　1955 年

棉田评判

每年春华秋实的季节，毛泽东总要到各地去视察。

1955年秋天，毛泽东听说河北省有些地区善种棉花，今年长势特别好，便到邯郸地区视察了一处棉田。毛泽东走进棉田，只见广阔的棉田枝叶茂盛，果实累累，长势喜人。细看大片棉田又划分成许多地块，原来这是给种棉姑娘划分的责任田。

正在棉田里劳动的姑娘们看见毛泽东来了，惊喜异常，高兴地跳着脚和毛泽东握手，给毛泽东戴上了她们的遮阳草帽，争着请毛泽东看她们的责任田。

毛泽东一边察看棉花，一边听她们滔滔不绝地解说，好像谁的话都说不完。毛泽东听着看着，好像发现了什么，便亲自到高矮两种棉花前仔细观察，又各自数了几棵棉花上结的棉桃，进行了比较。毛泽东问大家，高的好还是矮的好？管理高株责任田的姑娘立刻回答："高的好！"也有的说矮的好，还有的说两种都好，大家争论不休。有人便提出请毛泽东评一评。毛泽东首先称赞大家管理的棉田都很好，又指着那块矮的棉田说，那片棉花长得矮，可是又粗又壮，特别是棉桃结得多；当然，高株的棉花生长也很茂盛，可是结的棉桃比矮的少。你们数数看，哪一棵矮的都比高的结的棉桃多，应该挑选良种，争取高产，对不对？大家都被毛泽东说服了。

摘自《毛泽东同志调查研究拾零》 沈　同／文

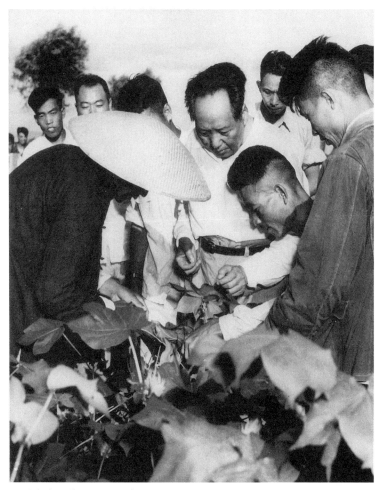

毛泽东参观棉田　1957 年

毛泽东和卫立煌

卫立煌曾经是蒋介石的五虎上将，与共产党势不两立。但后来卫立煌却转变为共产党的朋友，站到了人民的一边。毛泽东与卫立煌的交往，对这种转变无疑起了很大作用。毛泽东和卫立煌是作为敌对的双方而知道彼此姓名的，第一次见面是在国共实现第二次合作的时候。

1938年4月，卫立煌借机路经延安，拜访慕名已久的毛泽东，受到毛泽东等中共领导人的热烈欢迎。在谈话时，毛泽东称赞卫立煌抗日坚决，和八路军友好，希望共同沿着这样一条路继续走下去。接着，毛泽东又分析了国内政治、军事形势，阐述了国共合作和反对投降主义的问题。卫立煌极其钦佩毛的见解与主张，他说："要想战胜日本，救中国，恐怕只有学延安的方法。"由于卫立煌对蒋介石的反共政策持消极态度，卫被夺去了军权，软禁南京。1949年1月，卫立煌和夫人韩权华摆脱特务监视，逃离南京，寄居香港。10月1日，毛泽东向全世界宣告中华人民共和国成立。卫立煌由衷地高兴，向毛泽东发了贺电。

1955年3月15日，卫立煌和夫人甩掉国民党特务的跟踪，由香港回到祖国内地。毛泽东在住处接见并宴请了卫立煌。毛对卫的归来感到非常高兴，详细询问了卫的近况和在海外生活的情况，向他介绍了新中国成立后的变化和将来的发展蓝图。卫为之欢欣鼓舞。1956年4月25日，毛泽东在中共中央政治局扩大会议上，作了著名的《论十大关系》的讲话。毛在讲话中说："像卫立煌、翁文灏这样有爱国心的国民党军政人员，我们应该继续调动他们的积极性。"当有关同志将这段话转告给卫立煌时，他很激动，认为这是毛泽东对他的极大信任和鼓励。

摘自《毛泽东和他同时代的人》 贺明洲／文

毛泽东和卫立煌　1956 年

这是一个群众问题

　　毛泽东读书的范围十分广泛，从社会科学到自然科学，从马列主义著作到西方资产阶级著作，从古代的到近代的，从中国的到外国的，包括哲学、经济学、政治、军事、文学、历史、地理、自然科学、技术科学等方面的书籍以及各种杂志。

　　就哲学来说，不但读基本原理，也读中外哲学思想史，还读逻辑学、美学、宗教哲学等。

　　毛泽东对宗教问题是比较重视的。代表中国几个佛教宗派的经典如《金刚经》《六祖坛经》《华严经》，以及研究这些经典的著述，他都读过一些。对于禅宗的学说，特别是它的第六世唐朝高僧慧能的思想更加注意。《六祖坛经》一书，毛泽东读过多次，有时外出还带着。这是一部在慧能死后由慧能的弟子编纂的语录。哲学刊物上发表的讲禅宗哲学思想的文章，毛泽东几乎都看。基督教的《圣经》，他也读过。

　　毛泽东阅读宗教经典，既作为哲学问题来研究，也当作群众工作来看待。

　　他说：我赞成有些共产主义者研究各种教的经典，研究佛教、伊斯兰教、耶稣教等等的经典，因为这是个群众问题。群众有那样多人信教，我们要做群众工作，我们却不懂得宗教，只红不专。1963 年 12 月 30 日，毛泽东在一个文件上写了一个批语，说："对世界三大宗教（耶稣教、回教、佛教），至今影响着广大人口，我们却没有知识，国内没有一个马克思主义者领导的研究机构，没有一本可看的这方面的刊物。""用历史唯物主义观点写的文章也很少，例如任继愈发表的几篇谈佛学的文章，已如凤毛麟角，谈耶稣教、回教的没有见过。不批判神学

毛泽东和宗教界政协委员　1956 年

就不能写好哲学史，也不能写好文学史或世界史。"

摘自《我眼中的毛泽东》　逄先知[①] ／文

———————————

① 逄先知：时任中共中央办公厅秘书。

出访苏联

　　1957 年 11 月 2 日至 21 日，毛泽东率领中国代表团访问苏联。同行的有宋庆龄、邓小平、彭德怀、杨尚昆、郭沫若等国家领导人。

　　飞机徐徐降落在伏努克机场。舷梯下是红地毯铺就的一条路。毛泽东的身影在舱门一出现，机场上立刻响起一片掌声。毛泽东缓步下梯，剩最后三级阶梯时，抬起头望着赫鲁晓夫浑圆而结实的脑袋，向他伸出一只手。

　　他们在舷梯下拥抱，互致问候。

　　毛泽东走到三军仪仗队前。他立住脚，将头上的礼帽摘下，面对仪仗队的陆海空士兵，用激昂高亢的湖南腔大声问候："同志们好！"

　　"乌拉！乌拉！乌拉！"仪仗队虎威虎势，发出震耳的三声欢呼。

　　仪式完毕，赫鲁晓夫与毛泽东同车前往下榻的克里姆林宫。

　　毛泽东说："我不是请你们不要搞什么仪式，少来人接吗？怎么还这么隆重？"

　　赫鲁晓夫不无庄严地解释道："是啊，我们收到尤金的报告，说您有这样的请求。我们讨论了，大家认为不行。您这样尊贵的客人，礼遇是不能简化的。"

　　毛泽东微笑着吮一吮下唇。他高兴或者生气都有可能做出这个动作，"谢谢你们的盛情。我看共产主义实现了，这一套也就都没用了。"

摘自《外交舞台上的新中国领袖》 李越然／文

中国政府代表团在克里姆林宫（前排左起：陆定一、乌兰夫、李先念、彭德怀、邓小平、宋庆龄、尤金、毛泽东、布尔加宁） 1957 年

希望寄托在你们身上

　　1957 年 11 月 2 日，毛主席率领中国共产党代表团来到了莫斯科，出席各国共产党和工人党代表会议。振奋人心的喜讯，似和煦的春风温暖着每个中国留学生的心，我们生活的每个角落都欢腾起来了。

　　11 月 17 日，大雪刚停，天空蔚蓝明朗，莫斯科的初冬以少有的晴天迎来了这个使我们永远铭刻在心的日子。几千名中国留学生聚集在莫斯科大学宽敞的大礼堂里听报告，几千颗赤诚的心早已飞到了毛主席的身边。报告一直延续到下午，终于盼来了这最幸福的时刻。下午 6 点钟，灯火齐明，毛主席健步登上了大礼堂讲台，从左边走到右边，向大家挥手致意。我们含着泪花，高兴得欢呼起来。

　　那天是星期日，国际会议休会，但毛主席仍然进行了紧张的工作，工作后没有休息就来到了我们中间。他神采奕奕，满脸笑容，非常高兴。我们向毛主席问好，毛主席微笑着回答："同志们好！"接着他说："世界是你们的，也是我们的，但是归根结底是你们的。你们青年人朝气蓬勃，正在兴旺时期，好像早晨八九点钟的太阳。希望寄托在你们身上。"毛主席用历史唯物主义思想，用人是由猿猴进化来的，而又区别于猿猴的生动比喻，教诲我们要谦虚谨慎。毛主席十分风趣地问大家："现在你们还有尾巴吗？"我们一时没有理解，都笑着回答："没有。"毛主席意味深长地告诉我们，现在人都进化了，摸起来没有尾巴了，但无形的还有。青年人应该具备两点，一是朝气蓬勃，二是谦虚谨慎。

　　讲到最后，毛主席满怀深情地说："世界是属于你们的。中国的前途是属于你们的。"全场沸腾，久久欢呼鼓掌。

摘自《毛泽东与青年》 大气物理研究所部分工作人员／文

毛泽东说:"世界是你们的,也是我们的,但是归根结底是你们的。" 1957 年

巡视杭州小营巷

1958 年 1 月 5 日，毛泽东出现在杭州小营巷。

小营巷有二百多户居民，房屋比较古老，有的还是太平天国时代建造的。新中国成立前，这里垃圾成堆，污水四溢，成群的苍蝇蚊子整日飞来飞去。新中国成立后，小营巷居民开展了群众性的爱国卫生运动，他们创造的基本消灭苍蝇蚊子的奇迹，深深地吸引了毛泽东，他一定要亲眼看一看。

小营巷给毛泽东的第一观感，就是街头巷尾清清爽爽。毛泽东感到心情很舒畅。他走进了 56 号墙门。居民的客厅、卧室窗明几净，箱笼、板壁、盆盆罐罐都擦得锃亮。毛泽东来到天井，天井里一字排开五只大水缸，每只缸上都盖着一只木盖。他揭开一只缸盖，仔细地瞧着。

"这是天雨水。"站在旁边的居委会卫生委员程瑜向毛泽东解释着。当时自来水还不是很普及，居民们一般都饮用河水或天雨水。

"为什么养鱼？"毛泽东指着水缸中的金鱼好奇地问。"鱼吃孑孓。"孑孓是蚊子的卵在水中孵化出来的幼虫。毛泽东听了程瑜的回答，高兴地说："这个办法很好，可以推广噢。"他重新打量了一下程瑜，握住她的手亲切地说："你们的卫生工作搞得不错。谢谢你们，谢谢你们！"

毛泽东从内心里感谢这些平凡的百姓，因为他们，他的那些思想、号召才得以体现，如果全国都像小营巷这样，"东亚病夫"就会变成东方巨人。

摘自《巡视大江南北的毛泽东》 萧心力／文

毛泽东视察杭州小营巷　1958 年

一天不读报是缺点，三天不读报是错误

毛泽东对于阅读报纸杂志十分重视并且兴趣甚浓。"一天不读报是缺点，三天不读报是错误"就是从延安时期流传下来的毛泽东的一句名言。

毛泽东从青少年时代就养成了阅读报纸杂志的习惯。他常说报纸是一种百科全书，是活的历史，从报纸上可以得到许多有用的知识。每张报纸的四面，他几乎都要一字不漏地看完。报上的新闻、政论和反映社会问题的各种文章，他都极感兴趣。因此有人称他为"报癖"。

在革命战争年代，特别是在井冈山时期，由于敌人的严密封锁，读报十分困难。在战争中要打胜仗，必须知己知彼，而读报则是了解敌情的一个重要渠道。每当他读到报纸时总有一种拨开云雾见青天的感觉，并伴随着一种难以言状的快乐。有时毛泽东还把读到的新闻及时地摘报中央。正是借助于这些报刊资料，使我党能够及时了解敌人的政治、军事、财政和社会舆论等方面的情况，直接服务于革命战争的需要。

新中国成立后，报刊资料成为毛泽东了解情况、洞悉形势的重要来源和渠道。他特别喜欢读有关哲学、历史、中国古典文学的文章。看报时，毛泽东常常在报上圈圈画画。对于他觉得重要、写得很好的文章和内容，常常予以批注。

毛泽东十分关注报纸杂志上的思想动态。他鼓励在报刊上展开学术争鸣，并且关注这些争鸣。有时为了研究一个问题，他还召集有关专家学者共聚一堂，座谈讨论；有时自己也参加这些问题的争鸣，发表自己的见解。

毛泽东特别注意不同意见的自由争论和讨论，认为这是发展科学的必由之路，对于一些错误的观点，毛泽东也不是全盘否定，而对于报刊

毛泽东读报　1958 年

文章中正确的和合理的意见，他总是注意采纳和接受，用以纠正工作中
的缺点和错误。

摘自《毛泽东的情趣》 阿　瑞／文

"被困"正阳春

1958年8月，毛泽东去天津视察。去南开大学看了校办工厂，已经是中午。毛泽东兴致很高，提出去吃饭馆。于是我们驱车来到天津和平区沈阳道的正阳春鸭子楼吃烤鸭。

毛泽东吃饭快。别人没吃完，他先吃完了，起身在楼上走两步。正阳春是栋两层的饭馆，我们是在楼上吃烤鸭。毛泽东起身走动，经过窗口时，随便朝窗外望了一眼。这一眼望出去不要紧，却引出一场大麻烦。

饭馆对面的楼上，有一位妇女正在晾衣服，距离很近，一下子就认出了毛泽东，立刻脱口叫喊出声："毛主席！毛主席万岁！"

这声呼喊就像是一声惊雷，整个天津市都震动了。刹那间，人群像潮水般从四面八方涌来，立刻包围了正阳春鸭子楼。人们拥挤，欢呼，跳跃，越聚越多，塞满了几条街道，一眼望去全是人，交通完全陷于瘫痪，就连交通警察也想看一眼主席。群众欢呼"毛主席万岁"的声音一浪高过一浪。毛泽东坐不住，前后六次打开窗子向群众招手致意，高呼："人民万岁！"每次呼过口号之后，毛泽东还向群众招手喊话，想叫群众散开。可是根本不行，越喊人们拥挤得越厉害。从中午12点多，一直被围困到下午5点多，无法"突围"。兴奋的群众简直到了狂热的程度，欢呼声经久不息。警备区派出一个排的精壮小伙子，战士们奋力开路，硬将一辆华沙牌小汽车从人群中推进来，推到正阳春鸭子楼门口。

我们卫士和警卫人员前呼后拥地保护着毛泽东，帮他挤入小轿车。警卫排前有人开路，后有人推车，左右有人卫护，一步一步，才硬是将车推出了人群。

摘自《在毛泽东身边十五年》 李银桥／文

毛泽东和正阳春饭馆的服务员谈话　1958 年

三顾茅庐也要看你们出铁

1958年9月13日午饭后，毛泽东来到了武汉钢铁厂。他弯腰从车门探出身子，目光越过简易工房的屋顶，看到了一二里路外的高炉远影，嘴角浮现出不易察觉的微笑。

毛泽东满怀兴致地看着厂区总平面图听取了汇报。他听得很认真，不时插话。首先关心地问："什么时候可以出铁呀？""是不是有把握呢？"当听说有百分之九十九的把握，但也可能有预计不到的万一时，毛泽东笑了笑说："今天看不到，我明天再来，明天看不到，我以后还来，总而言之，我三顾茅庐也要看你们出铁。"1958年，正是全民大办钢铁的年代，人们抱着美好的愿望，希望能够赶英超美，走在时间的前面。毛泽东对钢铁生产也一直予以了极大的关注。

下午2点59分，毛泽东登上了高炉炉台，那里等候着十四位为武钢建设立下功劳的先进模范人物，他同大家一一握手，亲切交谈。不一会，站在二弯沟岗位上的工人兴奋地仰着头朝平台报告："毛主席，铁水流出来了！"语音未落，火龙般的铁水猛然冲出铁口，顺沙沟蜿蜒奔腾而去，一路"噼啪"作响闪出金花，从出铁台飞泻而下，垂挂成一束耀眼的火柱倾进铁水罐里。毛泽东兴奋地站了起来，望着那汹涌奔流的铁水。聚集在高炉下的武钢职工们欢声雷动，压过了高炉发出的巨响。毛泽东按捺不住心头的喜悦，向高炉下的工人们鼓掌致意。

摘自《巡视大江南北的毛泽东》 萧心力／文

毛泽东与钢铁工人在一起　1958 年

戴上红领巾年轻多了

毛泽东向韶山学校走去。来到校门外的木桥畔，站了一会儿，望着山冲袅袅升起的炊烟，充满深情地说："这里空气真好啊！"

师生们听说毛主席来了，欢呼着从各个角落跑出来，簇拥着毛泽东走进校门。少先队员们选出自己的代表迎接毛主席。一个叫蒋含宇，一个叫彭素清。彭素清是韶山公社竹鸡大队一个贫农的女儿。她恭敬地向毛泽东行了一个举手礼，然后献上一束花。随行人员告诉大家，毛主席要和师生们合影。顿时全校一片欢腾，宾主们都笑得乐开了怀。

师生们在学校台阶前站好。毛泽东健步走到同学们中间。蒋含宇解下自己的红领巾，庄重而又略显紧张地用双手捧到毛泽东跟前。毛泽东弯下腰来，让脚踮得老高的蒋含宇给自己系上。

毛泽东笑着问他："你不要了？"

"送给您。"

"你真的送给我了？那我就把它带到北京去啰！"

毛泽东戴上红领巾，笑着对同学们说："你们看，我年轻多了，现在都变成了少先队员啦！"大家听着毛泽东风趣的话，发出了一阵幸福的笑声。

毛泽东被孩子们的笑脸簇拥着，照了一张相。

师生们依依不舍地送走了毛泽东。回到教室，老师叫同学们在日记上写道："1959年6月27日上午8点，我们见到了毛主席。"以后，这一难忘的日子便成了韶山学校的校庆日。

摘自《毛泽东和他的父老乡亲》 赵志纯／文

我是韶山人　1959 年

三登庐山

毛泽东曾三登庐山。

1959 年 6 月 30 日，毛泽东乘坐"江峡"轮从汉口到九江，改乘汽车，直奔庐山。这是毛泽东第一次上庐山。汽车沿盘山公路欢快地奔驰。窗外，峰回路转，草木青葱，景色十分壮观。毛泽东兴奋异常，诗兴即起，无数个灵感、火花猛烈地撞击着他的心灵。不久，他写下了《七律·到庐山》一诗。

7 月 2 日至 8 月 16 日，他主持召开了中央政治局扩大会议和八届八中全会。会场是原来蒋介石"庐山军官训练团"的旧址，很有名气。这期间，毛泽东游览了一些名胜。7 月 5 日，访"花径"。花径在庐山牯岭西谷，进去迎面有一座石门，两边分别刻着"花开山寺""咏留诗人"的石联，上横刻"花径"两个大字。相传唐元和十三年（818）著名诗人白居易登山游览，漫步花径，正值山下桃花已谢，而大林寺桃花盛开，即兴赋诗。花径亭里有一横石，上刻"花径"二字，传为白居易手书。亭侧十几米外的花木丛中，有一彩色方形石亭，即景白亭。从景白亭拾级而上到花房，内有四百多种奇花异草，万紫千红，香飘四季。毛泽东到此一游，仔细观赏，心满意足，还在"花径"前照相留影。

出花径，上邻近的仙人洞。此系悬崖绝壁之天生洞。洞深约十米，相传为唐吕洞宾修仙之地。毛泽东一边观览，一边同自己在古书上读到的典故相印证。仙人洞不大，毛泽东尤喜其奇险，惊叹不已。两年后，毛泽东见到一张仙人洞风光照，便信笔写来："暮色苍茫看劲松，乱云飞渡仍从容。天生一个仙人洞，无限风光在险峰。"

第二次上庐山是 1961 年 8 月。毛泽东去了含鄱口。含鄱口在庐山

毛泽东登庐山　1959 年

东谷含鄱岭中央。山势高峻，怪石嶙峋，形凹如口，以势含鄱阳湖、气吞长江而得名。毛泽东登上山顶，放眼口外，只见江湖波涛滚滚，来势凶猛，但一经此口便骤然消失。大自然的气魄如此之大，使毛泽东深受鼓舞。他坚信，中国共产党和中国人民是有志气的，就像这含鄱口，任何风浪都不能压倒他们，只能被他们所战胜。

第三次登庐山是 1970 年 8 月。他主持召开了党的九届二中全会。

毛泽东三登庐山，三次去庐山植物园参观，还多次在山上人工湖游泳。

摘自《毛泽东的情趣》　史　楠／文

我们把杜勒斯当作老师

在武昌城外的休养地东湖，我看见毛走下别墅的小石阶来迎接我们的汽车。

他精力充沛，快活地走着。他看上去不但非常健康，而且无忧无虑。

他对杜波依斯①的肤色表示惊奇，并用自己的手去比较，说："你不比我黑。"确实，毛的手由于太阳照晒，与杜波依斯的由于年龄而变得苍白的手显得一样黑。他与我握手时用英语说了句"你好"，而我在同时却用汉语说了"你好"，他大笑起来。

谈话在半严肃半玩笑的气氛中进行。他问了我的年龄，得知是七十三岁，而他自己是六十六岁，杜波依斯是九十一岁。"三代人。"毛评论道。杜波依斯大到足可以做他的父亲。"如果你们不反对，"他接着说，"我愿意去游密西西比河。但是我想有人可能会反对：杜勒斯先生、尼克松先生和艾森豪威尔总统。"毛向杜波依斯投去了询问的一瞥。"相反，"杜波依斯回答说，表情有点严肃，"他们可能愿意看见你在密西西比河游泳，特别是靠近它的河口。""真的?"毛问道，明显地比较高兴，"如果那样，我可以在几天之后就去，完全像一个游泳者，不谈任何政治，只是在密西西比河游泳。然后，如果艾森豪威尔总统允许，我将看他打高尔夫球。也许去医院拜访杜勒斯先生。"

杜波依斯一本正经地说，那一定会给杜勒斯一个打击。毛马上说这不是他的本来愿望，"我很希望杜勒斯先生健康。"他说，"作为国务卿，他对我们很有用处，对美国人民和全世界人民同样有用处。"

---

① 杜波依斯：美国著名黑人学者。

毛泽东会见美国著名作家斯特朗和黑人学者杜波依斯（左起：浦昌寿、
唐明照、斯特朗、毛泽东、杜波依斯） 1959 年

　　从听众的脸上，毛看出了他们的疑问，他接着说，依然用半严肃的
嘲弄口气，"杜勒斯制造的国际紧张局势，对我们是有利的。他把局势
弄得越紧张，我们就越容易动员世界人民。所以，现在我们把杜勒斯当
作老师。"

摘自《我眼中的毛泽东》 安娜·路易斯·斯特朗[1] / 文

----

① 安娜·路易斯·斯特朗：美国著名女记者和作家。

悠悠故乡情

清晨的阳光洒向大地，给山林镀上一层银辉。毛泽东迈着稳健的步伐走向山冲。

毛泽东走进社员李文贵的家。李文贵高兴地喊老伴烧水，自己和小女儿上前迎接。毛继生向毛泽东介绍说："咯是李二阿公李南华的儿子，叫李文贵。"毛泽东和李文贵握手，问他："你父亲还在吗？"李答："早去世了。"

"你们每天吃多少粮食？"毛泽东坐在坪里的板凳上问。"每人每天一斤半。"实际上每天只有老秤十二两，相当于新秤七两五钱。李文贵多讲了一点。

毛泽东指着身边一个面黄肌瘦的社员说："你看，难怪不饿得刮瘦！"并转身对周小舟说："现在粮食到户，要闲时少吃，忙时多吃。老的吃稀点，壮的吃硬点。"周小舟说："社员能做到。"

"田里能扮多少谷？"毛泽东又问李文贵。

"每亩四百斤。"其实只有三百多斤，李文贵又多讲了一点。

"怎么只有这么多？我过去也作过田，每亩可扮斗桶四石（一斗桶等于一百二十斤）。"毛泽东说着叫随行人员算了一下。随行人员告诉他是四百八十斤。"现在的水平还比不上过去啦！"毛泽东说。

"四大宪（指韶山过去的几个劣绅毛宗圃、毛明德、毛吉成、毛鸿初）还在不在？"毛泽东又问。"毛鸿初还在，其余三个都死了。"有人回答说。"毛鸿初在搞什么？""守庙。""他还在守庙？"毛泽东叹了口气说，"这四个人过去与我是对立的，他们反对搞农民运动。"

这时，社员邹长卫来了，毛泽东问他叫什么名字，李文贵说："他

毛泽东和父老乡亲在一起　1959 年

是邹普勋的儿子，叫邹长卫。"毛泽东点点头，沉思了一下。毛泽东小时候在南岸读书，塾师就是邹长卫的爷爷邹春培。他听说邹普勋已经不在世了，脸上即刻流露出怀念之情。

　　太阳升起来了，毛继生想到毛泽东还没有吃早饭，便催促道："主席，我们走吧。""好。"毛泽东起了身。

摘自《毛泽东和他的父老乡亲》 赵志纯／文

真正的伟人

10月里温暖的一天，我到著名的北京"红星"公社访问。

回到市区时，《人民日报》的一位记者等在旅馆前，看上去她有些激动。"别下车了，"她对我说，"毛主席将接见你。"

"毛泽东主席，现在，我这样行吗？"我不知所措地问道。

"没关系，"她回答说，"毛主席是非常朴素的。"

我们来到人民大会堂。人们领我们进了大厅。大厅墙上挂着以中国传统国画轻灵飘逸的笔法画的大幅花鸟画。我们按国籍分了组。一位阿根廷人对我说："你知道吗？我们将要见到毛。许多人同毛泽东握完手后，恨不得把手留作永久的纪念。"我对她说："同一个人握手实际上并不那么重要。我认为更重要的是了解他作为领袖而参与的这个历史进程的规模。"

几分钟后，毛泽东出现了。我原以为一位至高无上的领袖进入大厅时会像神人出现一般，形成一个震动人心的场面，实际上我却在肃静的气氛中看见一位衣着朴素，和我在大街上看到的成千上万中国人一样的老人走了进来。

我看了他的面庞。他的目光使我意识到他是一位真正的伟人。他的目光安详而清澈。全身都焕发出谦虚之感。那是我一生中最重大的时刻之一。我看着这位20世纪最杰出的人物，感到他是一位纯朴的人，举止谦虚，这反而显出他的伟大。

当毛来到我身边时，他微笑了。他伸出右手，我听见他说"秘鲁"，还说了一些表示欢迎的话。

我向毛致意时说："看到您的思想唤起了全中国的智慧和意志真感

毛泽东和亚非拉青年　1959 年

到了不起。我看到，在工厂、公社和街道上，任何轰轰烈烈或平凡的创造活动无不从您的思想和教导中得到鼓舞。"

　　当毛离开大厅时，我看见一群个子十分高的、身穿长袍的非洲人一边流着激动的热泪，一边唱着"下定决心……排除万难……"的歌曲。

摘自《我眼中的毛泽东》　塞莉亚·巴里奥斯[①] / 文

_____

① 塞莉亚·巴里奥斯：秘鲁记者。

润之今后是会出人头地的

毛宇居，是毛泽东的堂兄，也是毛泽东在井湾里私塾读书时的老师。毛宇居是个典型的儒士，对学生要求颇严，甚至近乎苛刻。

有一回，毛宇居交代学生在课堂预习温课，不得随意走动闲谈。可毛泽东却站起来说："如果大哥今天不讲授新课，我就要到山上找一个空气新鲜的地方读书，那里读书记性会好些。"毛宇居自然不会答应。

两个时辰过去了，毛泽东不仅背会了课文，还顺手摘了许多毛栗子。他先给每个同学分一份，而且居然还给"大哥"也备上一份。毛宇居气极了，指着私塾院子里的天井说："你有本事不服管教，就以天井做首诗来，做不出我先打你屁股，再告诉你爹！"

毛泽东绕着天井转了两圈，天井中有一口深井，调皮的学生刚从溪沟里捉了些鱼虾养在里面。他觉得"大哥"管得太过分了，自己就像井里的小鱼虾，没有半点自由，想着想着，便随口吟道：

天井四四方，周围是高墙。

清清见卵石，小鱼圈中央。

只喝井里水，永远养不长。

毛宇居听后，深有愧色。

这以后，毛宇居改变了对毛泽东的死板教学方法，把自己的藏书借给他，多让他自学，尽量扩大他的视野。毛泽东上湘乡东山学校之前，毛宇居几次劝不愿送儿子上学的毛顺生：

"润之若是进了洋学堂，今后是会出人头地的。"

摘自《毛泽东和他的亲友们》 谢柳青／文

毛泽东看望毛宇居　1959 年

小孩也需要锻炼

毛泽东很爱自己的儿女，很关心他们的成长。

1947年初，延安机关进行疏散时，李讷留在了毛泽东身边。毛泽东问她："飞机轰炸，你怕不怕呀？"李讷说："我和阿姨跑到防空洞里就不怕了。"毛泽东又问："现在敌人离延安不远了，正在往延安打炮，你怕不怕？"李讷说："爸爸不怕，我也不怕。"毛泽东说："很好。看看飞机轰炸，听一听炮声，也是对你的锻炼呀。大人需要锻炼，小孩也需要锻炼。"

在杨家沟时，粮食很困难，基本上是吃黑豆。每次吃饭，大家的嘴都是黑的。李讷有一次笑着对毛泽东说："爸爸你看，阿姨、叔叔们的嘴都是黑的。"毛泽东听了，严肃地对她说："你不要笑，前方的解放军叔叔就是靠吃黑豆饭打胜仗的呀。黑豆好吃，吃了黑豆也能长胖长高。你也应该带上碗筷和阿姨一块儿去吃黑豆饭。听爸爸的话，你将来一定是个好孩子。"从此以后，李讷就经常和阿姨、叔叔们一块儿吃黑豆饭。

摘自《毛泽东风范词典》 高　扬／文

毛泽东和女儿李讷（左一） 1943 年

我的好娇娇

李敏是毛泽东与贺子珍的女儿,小名叫"姣姣",又叫"娇娇"。1936年冬生于陕北保安。1937年10月,贺子珍带着娇娇离开延安,离开毛泽东,到西安住了一段时间,后经兰州去苏联治病和学习。

在残酷的战争环境中,贺子珍靠每天织几双袜筒送到厂里换卢布,勉强维持母女俩的生活,同时尽量照顾在苏联读书的毛岸英、毛岸青。娇娇和岸英、岸青虽属同父异母,但他们手足情深,亲密无间。

1949年初夏,受毛泽东的重托,贺子珍的胞妹贺怡把娇娇带到了毛泽东身边。

那天,毛泽东听说贺怡带娇娇回来了,连忙从办公室出来迎接。娇娇激动地扑上前去,叫了声"爸爸",就依偎在父亲的怀抱里。毛泽东也激动得一下把娇娇抱了起来,亲了又亲。

娇娇上中学时,毛泽东就以自己最喜欢的化名李得胜和《论语》中的一句话"君子欲讷于言而敏于行",给娇娇取名叫李敏。

李敏中学毕业后考取了北京师范大学。不久,与北京航空学院的高才生孔令华相爱。她把心中的话告诉了爸爸。

毛泽东主张,对儿女的婚事大人们不要干涉,只要孩子们认为满意就行。

可是,孔令华的父亲孔从周对这门亲事颇有顾虑。孔从周原是杨虎城将军部下的军长,在西安事变中作过有益的贡献,新中国成立后任中国人民解放军一炮副司令员,中将军衔。毛泽东得知后,对孔从周说,儿女们的婚姻大事,由他们自己做主,我们做父母的不要干涉人家的自由嘛!孔从周非常敬佩毛泽东,原先的顾虑就烟消云散了。

毛泽东和女儿李敏　1949 年

　　1959 年，李敏和孔令华结婚时，毛泽东亲自在中南海自己家里为他们主持婚礼，并请孔从周全家和王季范夫妇、王海容、蔡畅大姐、邓大姐以及身边的工作人员参加婚礼。

摘自《在毛泽东身边十五年》　李银桥／文

我的孩子不能搞特殊

毛泽东很喜欢李讷。李讷小时候,毛泽东常抱起她轻拍后背:娃娃,我的好娃娃。"三年自然灾害"时的一个星期六,我提醒毛泽东:"主席,李讷回家了。一起吃顿饭吧?"

毛泽东停下批阅文件的笔,望着我,目光柔和,含着感激:"嗯,那好,那好。"

饭菜摆上桌。李讷正在毛泽东卧室里同父亲谈话。她委婉地说,我的定量老不够吃。菜少,全是盐水煮的,上课肚子老是咕噜咕噜叫。毛泽东轻声细语地说,困难是暂时的,要和全国人民共渡难关。要带头,要相信共产党……

开饭了。李讷抓起筷子,鼻子伸到热气腾腾的米饭上。那是红糙米,掺了芋头。她深深地吸了一口气,啊,真香啊。她望着父亲粲然一笑,那么天真可爱。

毛泽东眼睛有些湿润,望着女儿:"吃吧,快吃吧。"话音刚落,李讷已经向嘴里扒饭。饭太烫,她咝咝地向外吹热气,吹几下便咽下去,烫出了泪。"吃慢点,着什么急。"毛泽东尽量平静地说。他轻轻笑着,但是笑得越来越不自然,似乎嘴唇在哆嗦。

李讷瞟了我一眼,腼腆地说:"在学校吃饭都很快,习惯了。"

她又开始狼吞虎咽。我忽然一阵眼酸,喉咙立刻堵塞了。她是毛泽东的女儿啊!谁能相信她会饿成这样?

其实,李讷也不了解她的父亲平时吃什么,吃多少。如果她知道父亲有时一天只吃一盘马齿苋,她一定不会这样"放肆"了。

晚上,我去替主席倒茶。

毛泽东与女儿散步　1953 年

　　"主席，李讷太苦了。我想……"

　　毛泽东皱着眉头说："不要说了。我心里并不好受。我是国家干部，国家按规定给我一定待遇。她是学生，按规定不该享受就不能享受。"毛泽东深深叹了两口气，不无忧伤地说："还是各守本分的好。我和我的孩子都不能搞特殊，现在这种形势尤其要严格。"

摘自《我眼中的毛泽东》　尹荆山[1] / 文

———————————

[1] 尹荆山：当时任毛泽东的卫士。

这张照片现在挂在我的窑里

1942 年 12 月，我们延安县在东二十里铺召开劳动英雄大会。我就是这次被评为劳动英雄，出席了大会。

首长讲话时说，咱们毛主席都亲自劳动上交公粮哩！我一听，心里"咯噔"一下。我想，毛主席他老人家一天操劳国家大事，那么忙，还要劳动交公粮，真不易啊。回来路过县委时，我就去找领导说："我要为毛主席代耕。"县委同意了我的意见，还把代耕的事写信告诉了毛主席。毛主席很快回了信。信上说，看了信他很高兴。我们为他代耕的心意他很感激。

第二年麦收后，我早早就去给毛主席送代耕粮。一石麦，三百多斤。那是农历六月，主席住在杨家岭。把麦子送到收发室，我知道主席很忙，就要走。中央办公厅的同志让我等一会儿，他带我去见主席。下午 6 点多钟，他把我带到主席的院子。毛主席很高兴地和我打招呼，还给我取烟点火。谈话中，毛主席几次感谢我为他代耕。主席问我，你为什么为我代耕交公粮呢？我就把我过去受的苦难给主席讲了一遍。还说，我现在翻身了，吃米不忘种谷人，穿青不忘种靛人，翻身不能忘记共产党和毛主席的恩情呀！你是全国人民的领袖，一天到晚考虑国家的大事，忙得很呀，还要劳动交公粮，我心里放不下，我要为你代耕，公粮由我给你交。主席高兴地说，你说得好，我很高兴，这才像无产阶级闹革命。1952 年 12 月，我参加陕西省农代会，去北京参观国有农场。几年没见毛主席他老人家了，我很想见见主席。我给主席写了一封信，主席很快就派人来接我。

主席和我亲热地坐在一起，问我，身体好不好？我高兴地说，好！

杨步浩在中南海做客
1952 年

正在这时，对面一个人呼啦一下给照了一张相。这张相片现在就挂在我
的窑里。

摘自《红太阳永照心窝窝》 杨步浩 / 文

我们可以走出一条路来

杭州，是新中国成立后毛泽东外出到过次数最多的地方。大约从1953年到"文化大革命"初期，几乎每年都来一次，有时甚至两次。停留的时间最长达七个月。

毛泽东非常喜爱杭州的环境。有一次他曾说起，他1921年在上海参加"一大"，由于国民党破坏，转移到浙江嘉兴，后到杭州，游览一天，没有住。从那时起，就感到杭州环境好，不嘈杂，适合工作，适合休息。到了杭州就到了家，到杭州就安静下来。

毛泽东极爱登山，杭州的名山都留有他的足迹。

1954年1月29日，毛泽东郊游一天。上午从钱江果园上山，登五云山，寻访传说中萦绕山巅的五色瑞云，近瞰钱江，回望西湖；爬狮峰，体会其雄踞层峦叠嶂中的风姿；到天竺山，观佛教寺院。天黑了，警卫员说，前面没有路了。毛泽东说，没有路，我们可以走出一条路来。警卫员递给他一根竹竿，他拿着探路助行。下山后，他高兴而又自信地说，我们不是走下来了嘛！

又一天，爬玉皇山，谭震林、罗瑞卿、柯庆施、谭启龙、张耀祠等人同行。玉皇山原名育王山，也称玉龙山，耸立在西湖与钱江之间，山腰有紫来洞。毛泽东等人在洞前俯瞰山下的八卦田，谈论南宋皇帝祭先农装模作样"亲耕"的情景。毛泽东来杭州，爬过五次北高峰。北高峰在灵隐寺后，与南高峰对峙。有石磴数百级，盘旋三十六弯通山顶。毛泽东攀登北山，一者锻炼身体，二者他尤喜峰顶放眼，群山屏列，西子湖云光倒垂，波平如鉴，景色绮丽无比。

摘自《毛泽东的情趣》 史 楠／文

毛泽东在杭州登山　1954 年

业余学校的第六位老师

1954年的一天，毛泽东把叶子龙和我叫去，提议为警卫战士和身边工作人员办一个业余学校。

他让我从他工资中拿钱，由张国兴管理员买来课本和笔墨、字典、地图、作业本等，七十多个人每人发一套。并以他的名义请来了五位老师，分别教授语文、数学、地理、政治、自然等课程。

毛泽东经常检查我们的作业本。有一天封耀松从业余学校上课回来，忙将本子递过去。毛泽东先看了分数，喜形于色："嗯，好，又进步了。"小封也很高兴。可不，作业本上，老师用红笔给他打了一个大大的"5"。可是，毛泽东还在看他的作业，看得很仔细，笑容渐渐消失，"嘿"了一声说："你们那个老师也是马大哈呀。"

小封紧张了，把脸凑过去看。那是他默写的白居易的《卖炭翁》，毛泽东用手指甲在其中一行的下边划道："这句怎么念？"

"心忧炭贱愿天寒。"

"你写的是'忧'吗？哪里伸出来一只手？你写的是'扰'，扰乱的扰。怪不得炭贱卖不出价钱，有你扰乱么。"

小封脸红了，抓挠头皮窘笑。"这句怎么念？""晓驾炭车辗冰辙。""这是'辙'吗？到处插手，炭还没卖就大撤退，逃跑主义。这是撤退的撤。"毛泽东抓起笔给小封改作业，"虚有5分，名不副实。"

于是，小封的"5分"变成了"3分"。机关业余学校有五位老师，其实大家还有第六位老师，那就是毛泽东。

摘自《在毛泽东身边十五年》 李银桥／文

毛泽东和卫士　1955 年

大雨落幽燕，白浪滔天

1954 年 4 月，毛泽东去秦皇岛视察，回北京途中，在北戴河停下来住了一夜，只远远地看了看大海。这年的夏天，我们随毛泽东来到北戴河，住在浴场一号平房，环境很幽静。

毛泽东在这里除了办公、开会、会客外，就是游泳。

有一天，毛泽东对我说："银桥，你去看看能不能游泳。我想游泳。"我跑出去一看，正刮着风，海浪很大，便回来对毛泽东说："主席，不能游，浪太大。""我看看去。"说着，毛泽东就换上泳装，向大海冲去。

俗话说：海上无风三尺浪。何况是个大风天。咆哮的海浪一下子把毛泽东掀到浪峰上，一下子又让他跌入波谷，我们十几个警卫人员和卫士都吓坏了，大家紧紧围着毛泽东。可毛泽东不慌不忙。他先是侧泳，轻松自如地划水。后来仰泳，两腿一蜷，两手不紧不慢地划着，逍遥自在。毛泽东游了一个多小时，上岸坐在藤椅里晒太阳。他兴奋地说："好吧，你们说浪大。我们下去了，也没有什么了不起。"为纪念这次难忘的游泳，他写下了《浪淘沙·北戴河》：

大雨落幽燕，白浪滔天，

秦皇岛外打鱼船。

一片汪洋都不见，知向谁边？

往事越千年，魏武挥鞭，

东临碣石有遗篇。

萧瑟秋风今又是，换了人间。

摘自《在毛泽东身边十五年》 李银桥／文

大雨落幽燕，白浪滔天　1959 年

到中流击水　极目楚天舒

　　毛泽东青年时代常和学友们到湘江的橘子洲游泳。夏天水涨时，湘江水面宽三四里，他能从东岸游到西岸；秋冬之间，行人已经穿上棉衣，他还能在江中游上几十分钟。有两年暑假，毛泽东住在岳麓书院的湖南大学筹备处，每天下午四五点钟，他都和蔡和森、张昆弟等去橘子洲边游泳。畅游之后，还要在沙滩上卧倒十来分钟，让太阳晒遍全身，指古道今地大声议论一番天下兴亡事。

　　毛泽东在他学生时代的笔记中写道："与天奋斗，其乐无穷！与地奋斗，其乐无穷！与人奋斗，其乐无穷！"他把在江河湖海中游泳看作是对大自然的挑战。

　　新中国成立以后，除湘江外，毛泽东游得最多的是长江。他视天堑如通途，履大江如平地。他有时奋臂侧游，搏风击浪；有时踩水前进，信步于万顷波涛之上，浏览两岸景色；有时仰卧水面，双手放在脑后，头枕波峰，凝望万里长空；有时双手交叉放在胸前，安详地躺在水面休息。

　　毛泽东曾对为他护游的青年说："在七级大风里，你们游过吗？一人高的浪里，你们游过吗？游泳是同大自然作斗争的一种运动，你们应该到大江大海去锻炼。""到江河游泳，有逆流，可以锻炼意志和勇敢！"

　　毛泽东的话，不单是对青年们的勉励和希望，而且是游泳实践的写照。细想一下，毛泽东的政治生涯又何尝不是在不停地闯激流、战恶浪、过险滩呢？

摘自《毛泽东的情趣》　何　泌／文

畅游　1956 年

我是农民的儿子

毛泽东喜欢吃红烧猪肉，尤其是五花肥肉。我在他身边十五年，他没吃过任何滋补品。如果说吃过，那就是红烧肉。

保健医生曾多次劝毛泽东注意营养，改变饮食习惯，多吃点有营养的东西。毛泽东每次都摇头。他的固执是任何人都无法改变的。他的道理又是轻易不好反驳的。他有几句话给我印象很深。

一次，他用毛竹筷子敲敲碗里的二米饭（小米加大米）望着保健医生说："全国农民要是都吃上我这样的饭，那就很不错了，你就可以跟我提你那些建议了。"

另一次，他皱着眉头朝喋喋不休的保健医生挥手："你不要说了。我是农民的儿子，自小过的就是农民的生活。我习惯了，你不要勉强我改变，不要勉强么！"

毛泽东有时简直是个谜，就是我们这些贴身相处的卫士也往往感到他确实"神"。他的工作量惊人，睡眠、饮食、活动都没有规律性。可他的身体就是没事，极少闹病。任弼时曾多次向周恩来感慨："中华民族有幸，出了个毛泽东！"

摘自《在毛泽东身边十五年》 李银桥／文

毛泽东和农民亲切交谈　1958 年

借书逸事

听说黄炎培先生有一本王羲之的"真迹"，毛泽东借来看，爱不释手。他看着字迹琢磨，有时抓起笔来对照着练。他不是照着模仿，而是领会神韵，消化吸收，取其所长，变成自己的东西。练到兴头上，吃饭也叫不应。

大约是它太珍贵，黄炎培很不放心。借出一星期便频频打电话询问。电话打到值班室，问毛主席看没看完，什么时候还。

卫士尹荆山借倒茶机会，向毛泽东报告："主席，黄炎培那边又来电话了。"

"嗯？"毛泽东收拢起眉毛。

"他们……又催呢。"

"怎么也会学会逼债了？不是讲好一个月吗？我给他数着呢！"

"主席，他们，他们不是催要，是问问，是问问主席还看不看。"

"我看！"毛泽东喝口茶，语气转缓和些，"到一个月不还，我失信。不到一个月催讨，他们失信，谁失信都不好。"

可是，黄炎培又来电话了，电话一直打到毛泽东那里。先谈些别的事，末了还是问那本"真迹"。毛泽东问："任之先生，一个月的气你都沉不住吗？"

那边的回答不得而知。

小尹挖苦："真有点小家子气。"

我说："跟主席讨债似的，没深浅。"

毛泽东听了却愠气全消，换上微笑，说黄炎培"不够朋友够英雄"。

到了一个月，毛泽东将王羲之那本"真迹"用木板小心翼翼地夹好，

毛泽东与黄炎培（左一）、陈叔通（左二） 1959 年

交给卫士小尹："送还吧，零点前必须送到。"

　　尹荆山说："黄老那边已经说过，主席只要还在看，尽管多看几天没关系。"

　　毛泽东摆摆手："送去吧，讲好一个月就是一个月，朋友交往要重信义。"

　　　　　　　　　　　　　　摘自《在毛泽东身边十五年》 李银桥／文

初版后记

在纪念毛泽东一百周年诞辰之际，我们怀着崇敬和怀念的心情，编了《毛泽东的故事》。

本书以照片与文章结合的形式，再现了一个伟大而平凡的人物。

在编写过程中，我们根据照片的需要，从各类图书报刊中选摘了有关文章，并做了删减和文字处理。在此，我们向作者和出版者们表示诚挚的感谢！

由于时间仓促、水平有限，书中不尽如人意之处在所难免，望广大读者批评指正。

《毛泽东的故事》

摄影作者

侯　波　徐肖冰

《毛泽东的故事》

责任编辑：骆振龙　米　河

装帧设计：路　石

1994 年 8 月

再版后记

　　这是一套以图文并茂的形式，生动讲述党的第一代中央领导集体重要成员在工作、生活与情感世界中所发生的点滴故事的图书。今天距离它初次出版已经三十年了，但翻看这些历史照片，阅读照片背后的故事，仍然会让我们有种莫名的激动。我们仿佛走进了他们的日常生活，近距离地感受着他们的言谈举止和人格魅力。

　　这些共和国领袖，是伟大的无产阶级革命家，是新中国的缔造者和建设者，是党的优良作风和光荣传统的践行者。他们身上凝聚着共产党员的优良品德，是我们学习的榜样。榜样的力量是无穷的，我们相信书中的每个故事都能引起新一代读者的心灵共鸣。

　　讲述共和国领袖的故事，是讲好中国故事，尤其是讲好中国共产党的故事的重要组成部分，是党史学习的生动教材，是传承红色基因的有效方法。这套图书正是展现老一辈无产阶级革命家为人处世、理想信念、人生境界等方面的重要载体，值得我们深入体会、不断感悟。

　　这套图书曾荣获中宣部第四届精神文明建设"五个一工程"奖和第七届浙江树人出版奖。此次再版，我们对图文内容的结构和顺序做了调整，使图书整体脉络更为清晰；对于一些历史事件的描述，我们保留了当时一些约定俗成的说法，部分内容在保持基本不变的基础上，根据现有规范要求做了一些修正。

　　在庆祝新中国成立七十五周年之际，重新出版此书，也是对老一辈革命家的深切怀念。

浙江人民美术出版社

2024 年 9 月

图书在版编目（ＣＩＰ）数据

　　毛泽东的故事 / 李琦，梁平波主编；奚天鹰，刘敏
副主编. —— 杭州：浙江人民美术出版社, 2024. 9.
(共和国领袖的故事). —— ISBN 978-7-5751-0299-5

　　Ⅰ. A752-49

　　中国国家版本馆CIP数据核字第2024NB4210号

出版统筹　李　芳
责任编辑　徐寒冰　郭哲渊
美术编辑　吴　杭
封面设计　刘　金
责任校对　钱偎依
责任印制　陈柏荣

共和国领袖的故事

毛泽东的故事

李 琦　梁平波　主编　　奚天鹰　刘 敏　副主编

出版发行　浙江人民美术出版社
　　　　　（杭州市环城北路177号）
电　　话　0571—85174821
经　　销　全国各地新华书店
制　　版　浙江新华图文制作有限公司
印　　刷　浙江海虹彩色印务有限公司
版　　次　2024年9月第1版
印　　次　2024年9月第1次印刷
开　　本　787mm×1092mm　1/24
印　　张　4.833
字　　数　120千字
书　　号　ISBN 978-7-5751-0299-5
定　　价　38.00元